INSTRUCTION

POUR L'USAGE DE LA

SPHÈRE MUSICALE

INSTRUCTION

POUR L'USAGE DE LA

SPHÈRE MUSICALE

SUIVIE D'UN SOLFÈGE ÉLÉMENTAIRE

DES PREMIERS EXERCICES DU CLAVIER

POUR L'ÉTUDE DU PIANO OU DE L'HARMONIUM

ET

DES PRINCIPES DE L'HARMONIE APPLIQUÉE A LA MUSIQUE
ET AU PLAIN-CHANT

PAR

M. L'ABBÉ RASTIER

Maître de Chapelle à l'église métropolitaine de Tours

PARIS

CHEZ M. CARTEREAU, ÉDITEUR, 10, QUAI DU LOUVRE

TOURS

CHEZ M. BOUSEREZ, LIBRAIRE-ÉDITEUR, 16, RUE DE L'INTENDANCE

OU CHEZ L'AUTEUR, 28 BIS, RUE TRAVERSIÈRE,

ET DANS LES DÉPARTEMENTS

CHEZ MM. LES MARCHANDS DE MUSIQUE

1870

INSTRUCTION

POUR L'USAGE DE LA

SPHÈRE MUSICALE

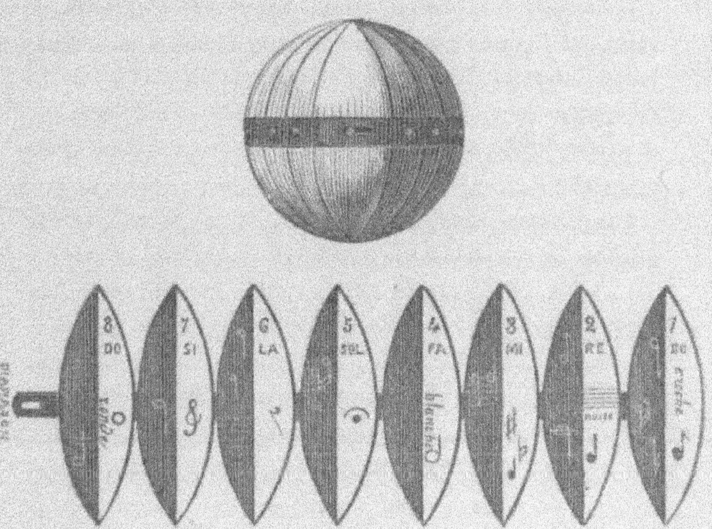

La *sphère musicale* représente l'*unité* de valeur pour les notes de musique, comme le mètre, le litre, le gramme, etc., pour les surfaces, les capacités, les pesanteurs.

C'est la *ronde matérialisée* ou mieux, *réalisée*.

Elle se partage en deux parties égales (les 2 *blanches*) puis en quatre (les 4 *noires*), puis en huit (les 8 *croches* et comme chacune des 8 parties ou huitièmes de ronde, présente deux faces portant deux fois le même n° 1, 2, 3, 4, 5, 6, 7, 8, on peut faire comprendre facilement aux commençants (*car c'est à eux surtout que nous nous* adressons), que huit croches divisées en deux, ou deux fois 8 demi-croches, forment 16 doubles-croches, etc..., ce qui est suffisant pour le but que nous nous proposons.

On trouve d'ailleurs imprimés dans cette *boule* tous les principes élémentaires de la musique auxquels nous voulons ajouter ici le complément par quelques exercices de *solmisation* dans les principaux *tons, modes* et mouvements, et par les règles d'harmonie appliquées à la musique et au plain-chant.

Chaque morceau de la *sphère* porte le nom et indique les qualités de chacune des notes de la gamme (Voir la *sphère*).

Le **n° 1**, (*do, tonique*) fait connaître : 1° les lignes, les barres de mesure, les portées, les clefs, la position des notes sur les lignes et les signes accidentels; 2° la valeur des notes, leur nom, la manière de *couler*, de *détacher*.

Le **n° 2** (*ré, seconde*) indique : 1° les silences comparés à la valeur des notes, les différentes sortes de mesures; 2° les liaisons, syncopes et notes d'agrément.

Le **n° 3** (*mi, tierce*) a rapport : 1° au point, à sa valeur, à la gamme dite majeure et au triolet; 2° aux propriétés de la tierce, à la différence des sons entre eux, connue sous le nom d'*échelle musicale*. C'est la tierce surtout, qui, dans toutes les transpositions de la gamme, soit en montant, soit en descendant d'un ton ou d'un demi-ton, fait discerner, du premier coup d'œil, la différence des modes *majeurs* ou *mineurs*.

Le **n° 4**, (*fa, quarte*), traite : 1° de la valeur des notes appliquées aux différentes sortes de mesures ; 2° des divers mouvements et de ce qu'on appelle *canon*.

Le **n° 5** (*sol, quinte*), nous montre : 1° tous les tons et modes et la place, au début d'un morceau, des *dièzes* ou des *bémols* qui le caractérisent; 2° les signes d'abréviation et les nuances diverses.

Ici on ne manquera pas de faire observer que pour connaître le ton d'un morceau, il suffit, quand il y a des dièzes à la clef, de *nommer* la note qui suit le dernier dièze, et s'il y a des bémols, de *nommer* l'avant-dernier bémol. Le nom de ces notes est toujours celui du ton dans lequel on doit chanter, et cette note devient la *tonique* nouvelle qui doit remplacer le *do*. Ce changement de la *tonique*, dérange la place des tons et des demi-tons de la gamme; c'est ce qu'on appelle *transposition*, et par le moyen des huit parties de la sphère plus ou moins *distancées* les unes des autres, on voit comment ce changement de position s'opère.

Ainsi donc, quand il y a un *fa dièze* à la clef, on est en *sol*; quand il y en a deux *fa* ♯ et *do* ♯, on est en *ré*, etc. Quand il y a deux *bémols*, *si* ♭ et *mi* ♭, on est en *si bémol;* quand il y en a trois *si* ♭, *mi* ♭, *la* ♭, on est en *mi bémol*. Exception : quand il n'y a qu'un *seul bémol*, c'est-à-dire le *si* ♭, on est en *fa naturel*.)

Notez en passant que par les mêmes signes, ou par l'absence de ces signes, on caractérise également les *modes majeurs* et les *modes mineurs*. (*On appelle* majeure *toute gamme qui comprend deux tons, de la tonique à la tierce, comme* do-mi, ré-fa ♯; *on appelle mineure toute gamme qui ne comprend qu'un ton et demi, de la tonique à la tierce, comme* la-do, do-mi ♭). Quand le mode supposé n'est pas majeur, son mode mineur *relatif* c'est-à-dire *qui a rapport, qui se présente sous la même forme que lui*), commence sa gamme par la note qui se trouve deux degrés au-dessous de la *tonique* du mode majeur. Ainsi, quand on n'est pas en *do majeur* (*en* do *il n'y a pas de signes à la clef*), on est en *la mineur*; quand on n'est pas en *fa majeur* (*en* fa *il n'y a qu'un* si *bémol à la clef*), on est en *ré mineur*, et ainsi de suite. Outre les exemples qu'on trouve dans la Sphère, nous en donnons autant qu'il en faut dans le solfège qui va suivre.

Le **n° 6** (*la, sixte*) traite : 1° de la mélodie en *mode mineur* et de l'accompagnement de sa gamme, dont la septième note, ou *sensible*, est toujours altérée quand elle monte à sa *tonique* ou *octave*; 2° des particularités de la sixte, de la gamme mineure elle-même, et de sa différence avec la gamme majeure.

Le **n° 7** (*si, septième* ou *sensible*), avant-dernière note de chaque gamme *naturelle* ou *transposée* (toujours altérée par un *dièse* ou un *bécarre* dans la gamme ascendante des modes mineurs), fait connaître : 1° ce qu'on appelle *accord parfait*, et comment on s'en sert plus particulièrement dans le *plain-chant*, dont la musique moderne est dérivée, sans dièse, ni bémols (le *si* ♭ excepté); 2° les propriétés de la *septième*, dont l'emploi dans l'*harmonie* constitue le système musical actuel, l'exercice des *vocalises* et la connaissance de la *clef de fa*.

Le **n° 8** (*do, octave*) s'occupe : 1° de la *mélodie* en mode majeur et de l'accompagnement de sa gamme; 2° des accords en général et de leurs renversements; du mode *ma-*

jeur ou *mineur*. On donne ensuite la forme des notes du *plain-chant*, des clefs, etc.

La *sphère musicale*, ainsi composée et expliquée, laisse au maître l'occasion de développer une foule d'idées et de combinaisons dont chaque mot, chaque note, chaque partie amène la demande et la réponse.

Il est évident qu'il faut passer d'abord sur les difficultés pour s'occuper spécialement des principes élémentaires et revenir ensuite à l'étude progressive. Il est presque impossible de se passer d'un maître soit pour l'*intonation*, soit pour la *mesure*, soit pour l'usage des accompagnements (harmonie). Nous ne pouvons donner ici que les notions nécessaires. Pour chanter (mélodie), il faut, dès le début, s'occuper *simultanément* de trois choses : la *lecture*, l'*intonation*, la *mesure*. Pour accompagner (harmonie), il faut également réunir au moins trois notes à la fois : la *tonique* la *tierce* et la *quinte*, et en même temps aussi *lire*, *doigter* et *mesurer*. La *septième* introduit habituellement une quatrième note *simultanée*, qui sert de liaison et de passage d'un accord à un autre, qu'il soit *direct*, comme *s / mi / do* ou renversé comme *do / sol / mi*, *mi / do / sol*, ce qui constitue trois positions différentes, ou quatre avec la septième *fa / ré / si / sol*, *sol / fa / ré / si*, *si / sol / fa / ré*, *ré / si / sol / fa*.

Les notions assez étendues que nous donnons à la fin du solfége font voir de quelle manière on doit faire succéder un accord à un autre.

Mais, pour revenir à la *sphère musicale* et à *ses divisions mathématiques*, elle servira surtout à bien faire comprendre aux commençants le système des différentes mesures. Avec moins de temps, moins d'impatience, moins de répétitions, ils verront, *intellectuellement* et *matériellement*, ce que signifient les chiffres dont on est obligé de se servir : 2 (deux blanches, ou deux moitiés de la sphère), $\frac{2}{4}$ (deux noires ou deux quarts de ronde), $\frac{3}{4}$ (trois noires ou trois quarts de ronde), $\frac{3}{8}$ (trois croches ou trois huitièmes de ronde), $\frac{6}{8}$, $\frac{9}{8}$, $\frac{12}{8}$, etc.

La sphère porte avec elle son *diapason*; on pourrait, à la rigueur, en la suspendant à une corde plus ou moins longue, s'en servir momentanément comme on se sert du *métronome* pour donner approximativement l'idée de la division régulière des mouvements; elle doit devenir prochainement *sphère musicale* et *géographique*.

Inutile maintenant d'entrer dans aucun autre détail. Nous passons aux exercices de mélodie et aux principes d'accompagnement, précédés de la connaissance du clavier. On pourra passer ensuite directement à la pratique, ou consulter les grands ouvrages qui traitent de l'art du chant ou de l'harmonie d'une manière plus savante et plus étendue.

1° Voir pour les solféges : ceux de Panseron, de Garandé, de Rodolphe et du Conservatoire, le solfége d'Italie, etc., et surtout celui de Ad. Papin, qui pourrait seul remplacer tous les autres.

2° Pour les traités d'harmonie consulter :

Reicha, Poisson, Catel, etc., et principalement Elwart, Fétis et Choron.

TABLE

9545 — PARIS. EDOUARD BLOT IMPRIMEUR RUE BLEUE, 7

SOLFÈGE.

Exercices sur les différentes mesures.

1. 2. 3. 1.2.3. 1.2.3. 1. 2. 3.
1.2.3.4.5.6. 1.2.3.4.5.6. 1.2.3.4.5.6. 1.2.3.4.5.6. 1.2.3.4.5.6.
1.2.3.4.5.6. 7. 8. 9. 1. 2. 3.
1. 2. 3.
1. 2. 3. 4.
1. 2. 3. 4.
1. 2. 3. 4. 1. 2. 3. 4. 1. 2. 3. 4.
1. 2. 3. 4.
1.2.3. 1. 2. 3. 1. 2. 3. 1.2.3.
1. 2. 1. 2.

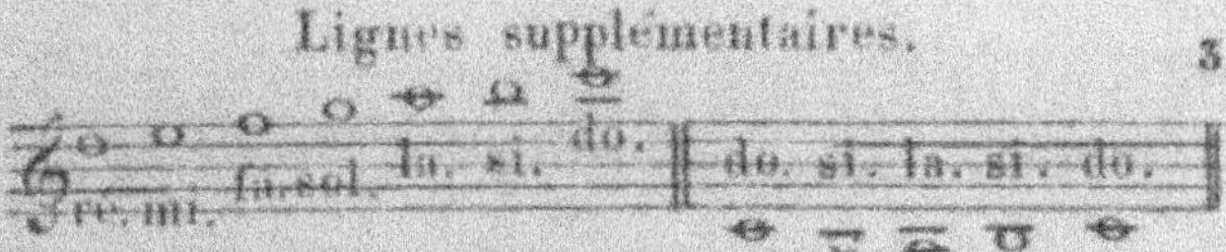

Exercices sur les intervalles, les silences les dièzes et les bémols.

ou

N° 3.

Du point.

1.2.3.4
1.2.3.4.
1. 2. 3. 4.
1.2.3.4. 1.2.3.4.
1.2.3.4.
1.2.3.4.
1.2. 3. 4. 1.2.3.4.
1.2. 3.4.

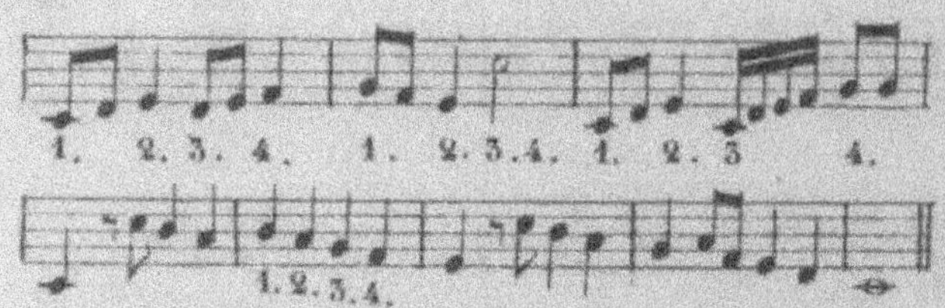

On pourrait s'exercer utilement à chanter plusieurs de ces leçons à rebours.

Exercices sur la clef de fa.

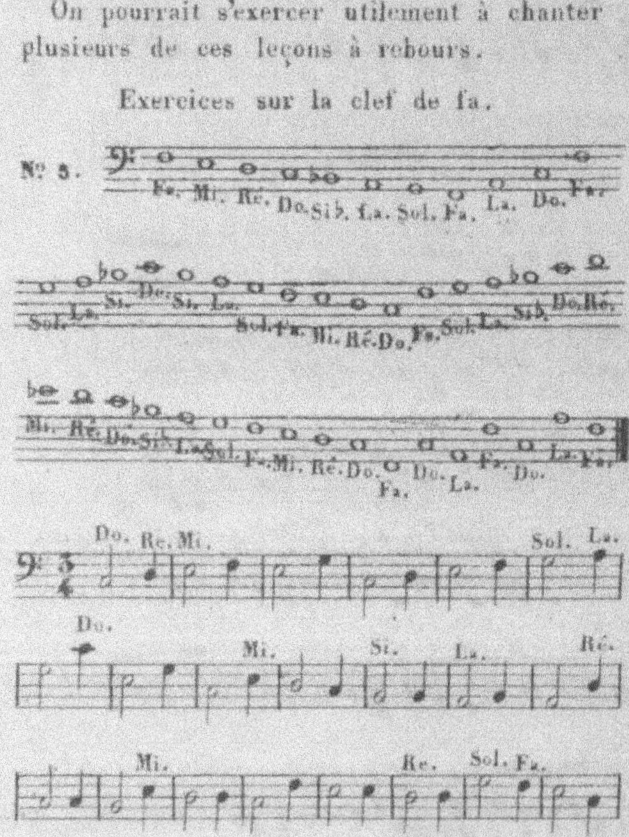

la. sol. ré. sol. mi. do. ré.
sol. la. si. do. si. la. mi.
do.

Exercices simultanés sur les différentes mesures et sur les tons les plus usuels.

Allegretto.
1ª
2ª
Fin
Mi mineur relatif de Sol majeur.
Andante.
Ré majeur.
Nº 8.

Andante.
Si mineur relatif de Ré majeur.

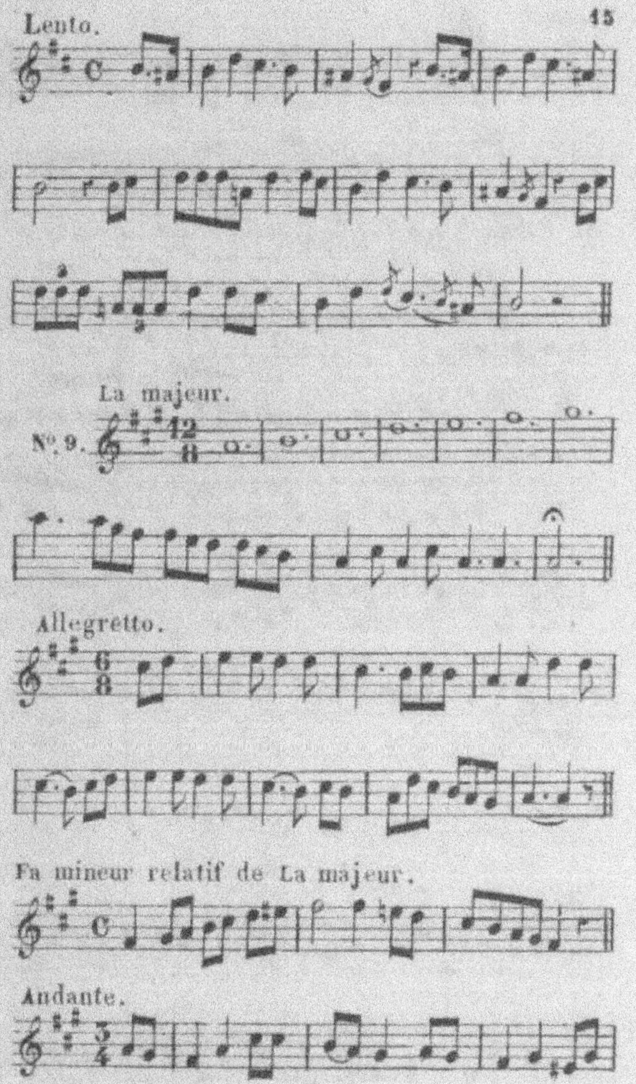
Lento.
La majeur.
N°. 9.
Allegretto.
Fa mineur relatif de La majeur.
Andante.

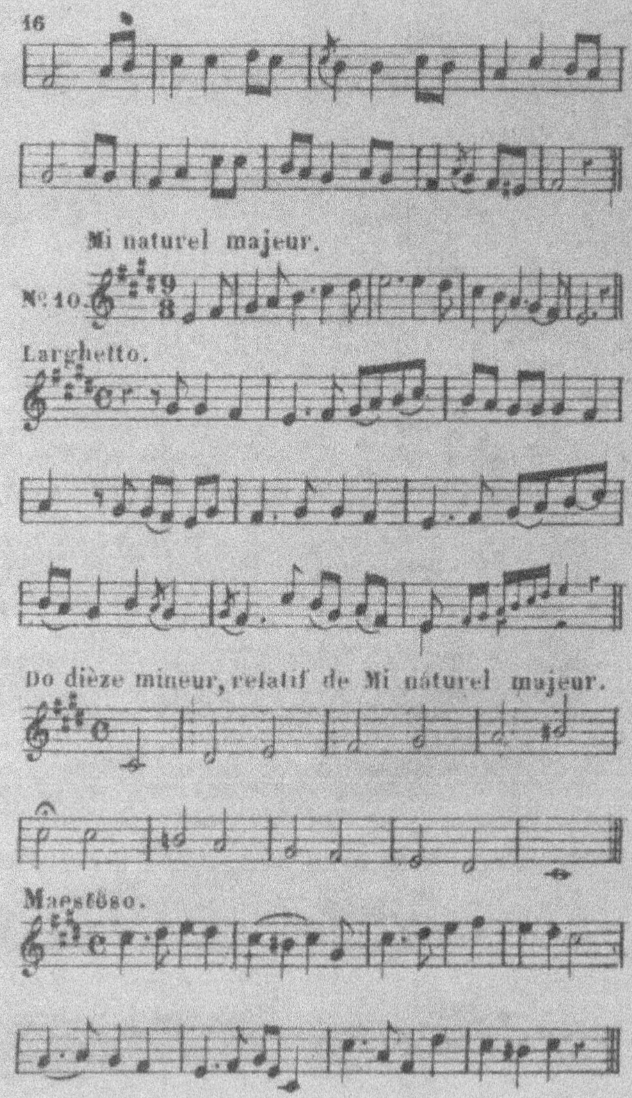
Mi naturel majeur.
N°. 10.
Larghetto.
Do dièze mineur, relatif de Mi náturel majeur.
Maestöso.

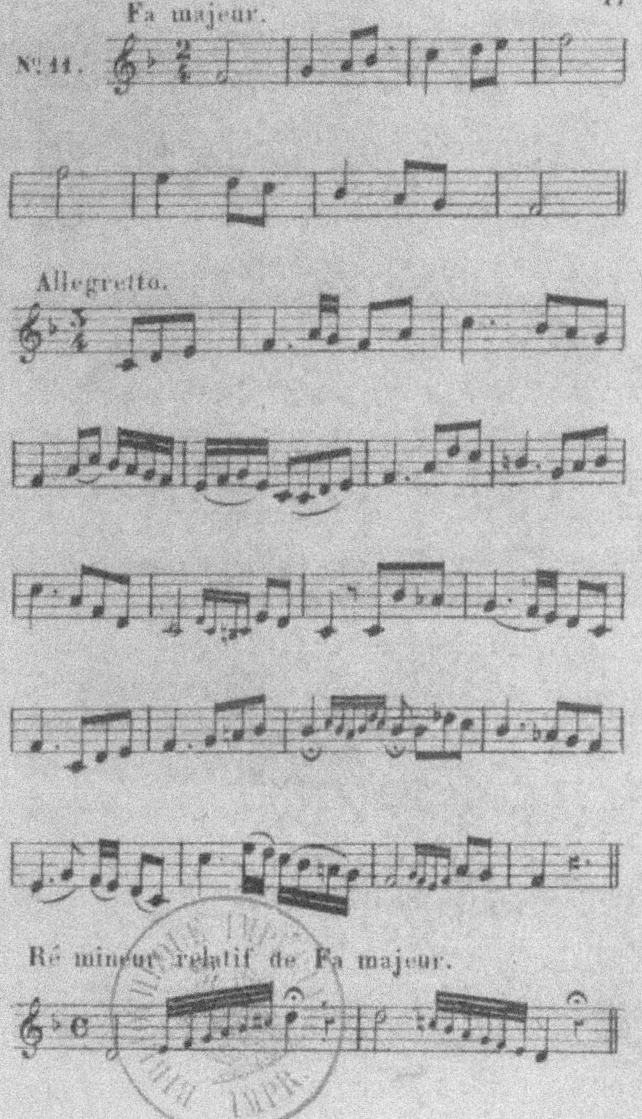
Fa majeur.
N.º 11.
Allegretto.
Ré mineur relatif de Fa majeur.

Andantino.

Fin.
Sol mineur, relatif de Si ♭ majeur.
Andante.

Mi♭ majeur.
Nº 13.
Menuet.
fin.
D.C.
Do mineur relatif de Mi♭ mineur.

Allegretto.
La ♭ majeur.
N°14.
Allegretto.

Grazioso.

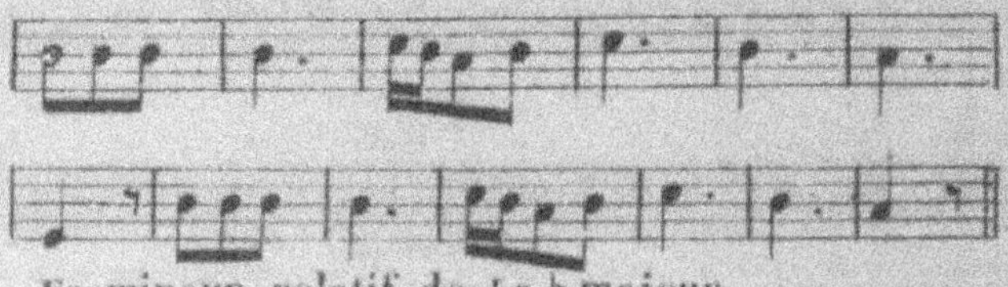

Fa mineur, relatif de La ♭ majeur.

Lento.

Piu presto.

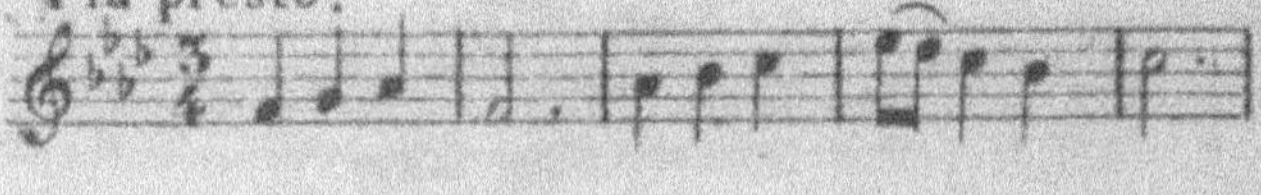

N.B. Il serait très-utile de s'exercer à trarsposer ainsi tous les morceaux précédents.

Résumé.

Do majeur.
Lento.
N°16.
Do mineur.
sol majeur.
sol mineur.
Ré majeur.
Ré mineur.
La majeur.
La mineur.
Mi majeur.
Mi mineur.
Si majeur.
Si mineur.
Fa majeur.
Fa mineur.
Si♭ majeur.
Si♭ mineur.
Mi♭ majeur.
Mi♭ mineur.

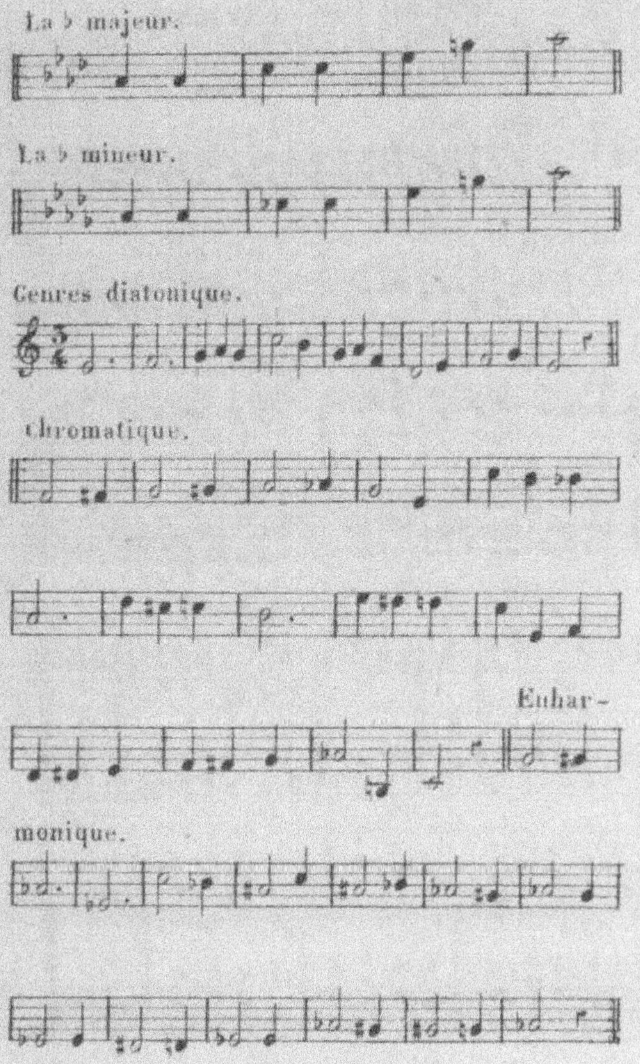
La ♭ majeur.
La ♭ mineur.
Genres diatonique.
chromatique.
Enhar-
monique.

ÉTUDE DU CLAVIER.

Lentement d'abord.

N° 2.

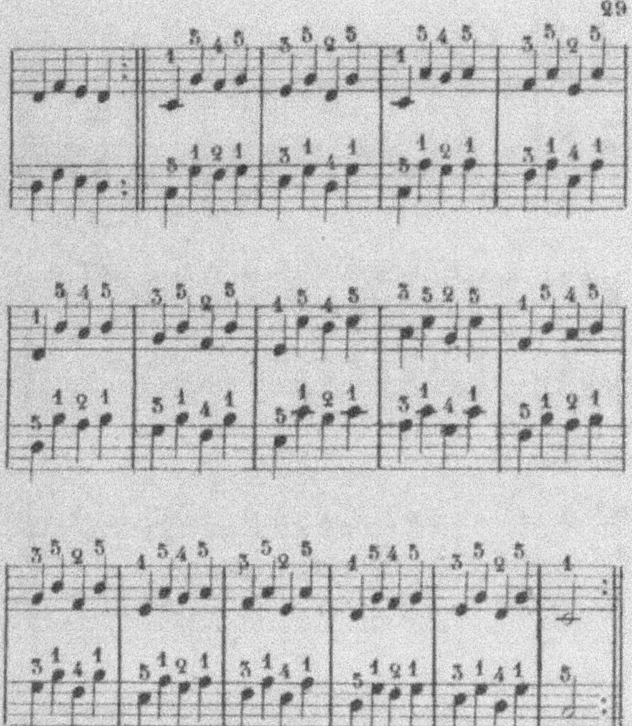

Le chiffre 1 indique le pouce, 2 l'index, 3 le médius, 4 l'annulaire, 5 le petit doigt.

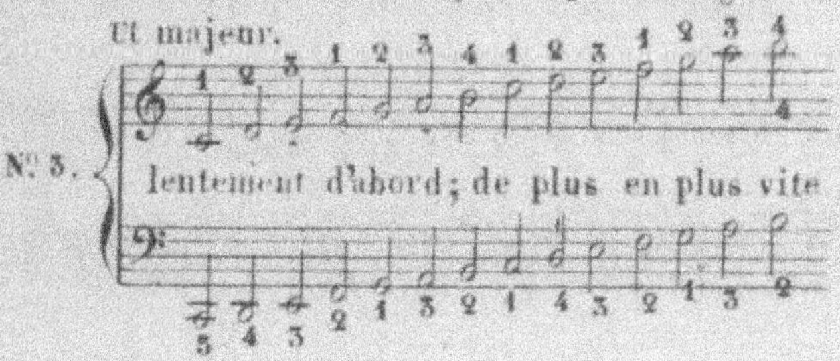

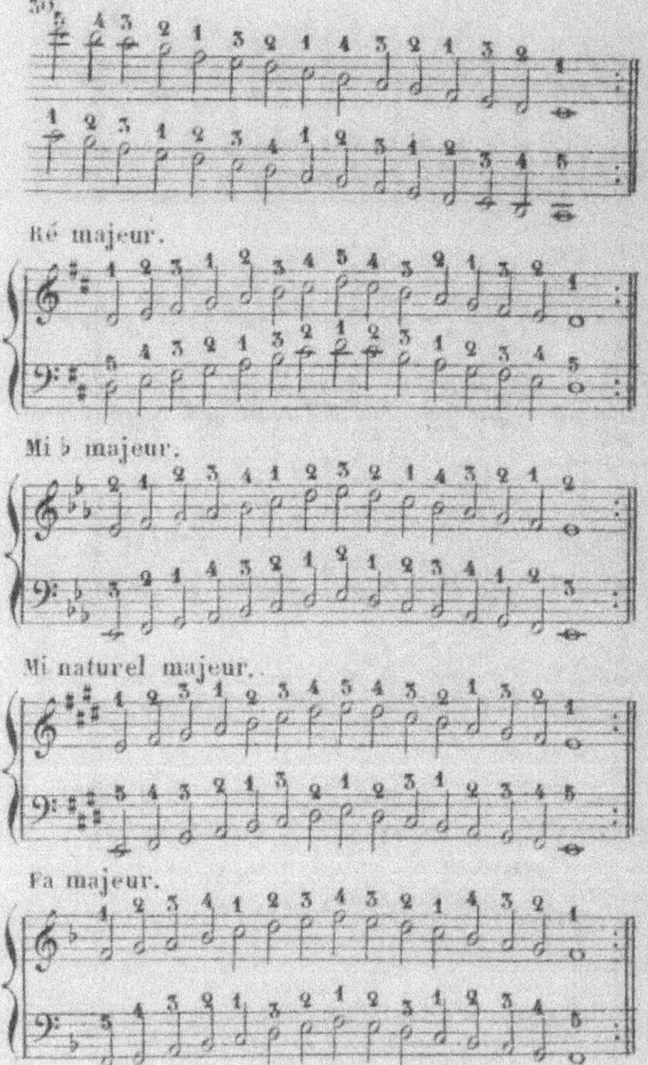
Ré majeur.
Mi ♭ majeur.
Mi naturel majeur.
Fa majeur.

Sol majeur.
La majeur.
Si ♭ majeur.
Ut mineur.
Ré mineur.

Mi mineur.
Fa mineur.
Sol mineur.
La mineur.
Si mineur.

OBSERVATIONS IMPORTANTES.

1º Pour toucher le Piano ou l'Orgue, le coude doit se trouver, dès qu'on est assis, un peu au dessus du niveau des touches; les doigts seuls doivent agir, perpendiculairement par l'articulation du milieu en forme de marteau, et indépendamment du bras qui doit toujours être maintenu dans la plus grande raideur. La tête droite autant que possible, ainsi que le reste du corps. Le travail seul peut faire acquérir la vitesse et la légèreté des mouvements, par la répétition fréquente des exercices préliminaires, mesure par mesure, phrase par phrase, jusqu'à parfaite exécution, en commençant par les gammes les plus faciles Les avis d'un maître seront toujours de la plus grande utilité

2º Chacun des doigts sera l'objet d'un exercice particulier pour l'une et l'autre main, selon les difficultés à vaincre. La manière de s'en servir est indiquée ci-devant en chiffres, dans la première gamme en DO majeur. Il suffit de remarquer que la main gauche et la main droite agissent à l'opposé l'une de l'autre; qu'on ne porte jamais le petit doigt après le pouce, ni le pouce après le petit doigt; qu'il est défendu de faire passer un des trois doigts du milieu par dessus ou par dessous les autres;(Le pouce seul peut succéder au 4e doigt et réciproquement.) et que chaque main en se portant vers l'extrémité respective du clavier passe le pouce par dessous les doigts, tandis qu'en revenant vers le centre, elle passe les doigts par dessus le pouce.

Plus le doigt s'arrête sur la touche, plus le son se prolonge. Quand les notes sont détachées il faut donc qu'un doigt tombe à l'instant où l'autre se relève; mais si le passage est lié, le doigt qui précède doit rester sur la touche, jusqu'à ce que celui qui suit soit posé.

Avec ces quelques règles, on peut attaquer n'importe quelle musique. Au bout d'un certain temps, on n'a plus à s'occuper de ses doigts, quoiqu'il y ait une infinité de passages qui doivent être doigtés d'une manière particulière.

3°. Pour ce qui regarde l'harmonium, il faut dès le commencement s'habituer à peser suffisamment sur les touches pour que le son sorte pur, à retirer les doigts à temps pour que la note suivante ne se confonde pas avec celle qui finit. Le genre LIÉ convient surtout à l'Orgue, et c'est pour cela que les touches ne doivent pas être frappées comme celles du Piano. On assortit les jeux selon leur indication par chiffres. Comme ils sont coupés ordinairement, on tire le registre N.º 1 à droite et à gauche, 2 avec 2, etc, à moins qu'on ne veuille produire des effets particuliers. L'EXPRESSION ne se tire pas d'ordinaire avec le grand jeu. On évite de tirer les jeux de récit dont les lames sont faibles, avec le grand chœur; elles pourraient se briser ou se désaccorder facilement. On ne doit point s'occuper de ses pieds, ni chercher à battre la mesure en soufflant; le pied droit ne pèse sur sa pédale qu'au moment où le pied gauche a fait atteindre à la sienne environ la moitié de sa marche. Enfin on proportionne la masse d'air que l'on dépense avec le nombre des registres que l'on fait jouer.

Après avoir donné le temps nécessaire à ces exercices sur lesquels il est bon de revenir chaque jour, il faut commencer à étudier les petits morceaux de musique faciles et l'accompagnement du plain-chant, dont nous allons maintenant donner les règles.

Il sera très-utile de s'exercer à les mettre en pratique en écrivant soi-même l'accompagnement de quelques passages dans différents tons ou modes.

La théorie ou science des accords, de leur origine et de leur propriété est tellement compliquée, que nous abordons immédiatement la pratique assez simple d'ailleurs, mais beaucoup plus utile. Il suffit de savoir :

1º Qu'un accord est composé de trois notes superposées par tierce, de 1 à 3 et de 3 à 5.

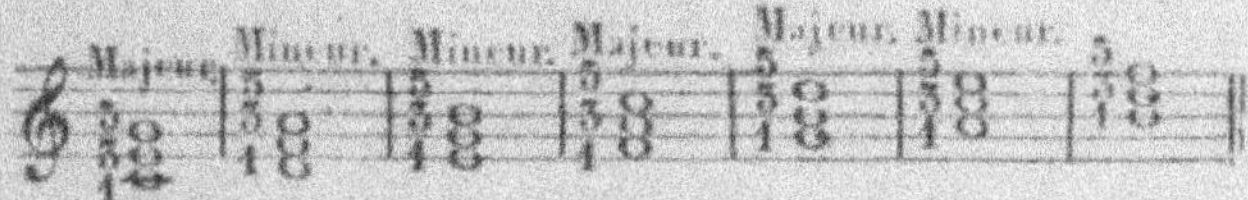

2º Que chaque accord peut être renversé comme il suit:

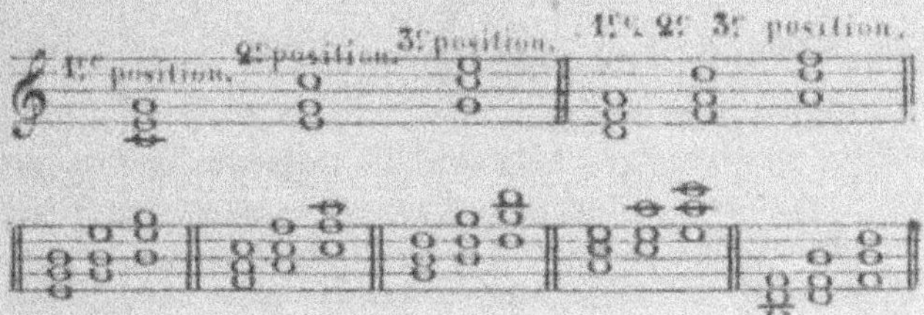

(N.B.) Les notes de la gamme peuvent aussi être renversées et alors les intervalles ne sont plus les mêmes. L'unisson renversé produit une OCTAVE, la seconde une SEPTIÈME, la tierce une SIXTE, la quarte une QUINTE, la quinte une QUARTE, la sixte une TIERCE, la septième une SECONDE, l'octave l'UNISSON: Exemple.

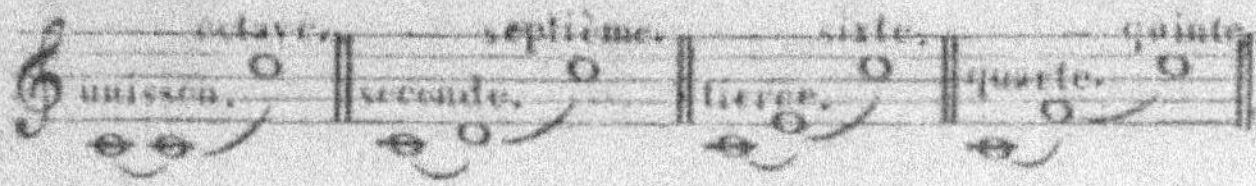

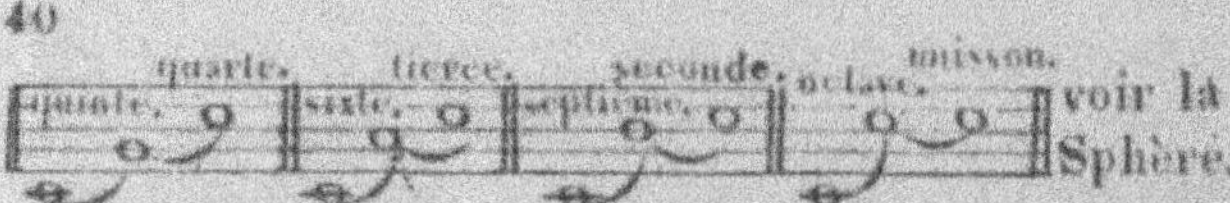

3º Qu'en ajoutant une tierce aux deux autres ci-dessus on obtient:

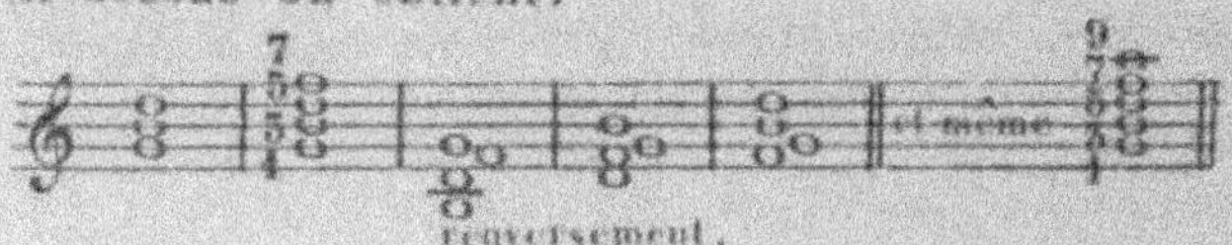

4º Que l'intervalle de la 1re note à la 3e est tantôt de deux tons, ce qui constitue l'accord parfait MAJEUR. Ex: tantôt d'un ton et demi seulement; ce qui distingue l'accord parfait MINEUR. Ex:

5º Que toutes les fois qu'on emploie seulement les trois notes, tonique, tierce et quinte ou leur renversement l'accord (majeur ou mineur) est dit parfait et consonnant; tandis que lorsqu'on ajoute la septième ou son renversement l'accord devient dissonant et appelle après lui une RÉSOLUTION sur l'accord parfait qui seul donne le sentiment du repos. Il en est de même quand une ou plusieurs des notes constitutives de l'accord vient à être altérée. Ex:

Remarquons maintenant d'après ce qui précède, que chaque note de la gamme porte un accord parfait majeur ou mineur et que l'accord  ou accord de la SENSIBLE diffère des autres en ce qu'il n'est composé que de deux tierces mineures. Il n'est autre, en résultat, que l'accord de septième privé de sa note fondamentale SOL:  Voir page 40.

Remarquons aussi que chacune des notes de l'accord et de ses renversements pouvant être altérée, il en résulte une infinité de changements de tons et de modes, comme aussi de RÉSOLUTIONS. En général toute note dièzée veut se résoudre en montant d'un degré; toute note bémolisée veut se résoudre en descendant d'un degré sur la suivante; la note sensible monte d'un demi-ton; la quinte diminuée et la septième descendent d'un demi-ton.

Comme nous supposons, dans le cours de ce travail, être presque toujours dans le ton d'UT majeur ou de son relatif LA mineur, il est facile de voir à quel changement de Tonique, l'altération d'une des notes de l'accord peut conduire, en rendant cette note altérée SENSIBLE d'un nouveau ton. Pour se rendre compte de l'accord renversé il suffit de remettre les notes dans leur état primitif ou direct.

Ainsi en renversant l'accord 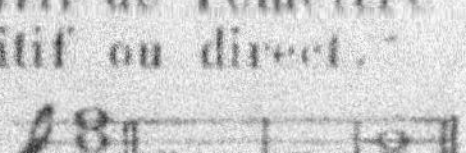

on reprend sol pour point de départ et on voit

de suite l'accord de septième sous ses différentes faces.

Ces observations étant faites et comprises, voici maintenant la marche à suivre. (Voir Nº6 et Nº8 dans la SPHÈRE, l'accompagnement de la gamme majeure et la gamme mineure.)

1º Un premier accord étant donné sur la Tonique on passe à un autre par un mouvement SEMBLABLE, si les notes montent ou descendent en même temps, OBLIQUE si une partie reste fixe pendant que les autres montent ou descendent, CONTRAIRE, si les unes montent pendant que les autres descendent.

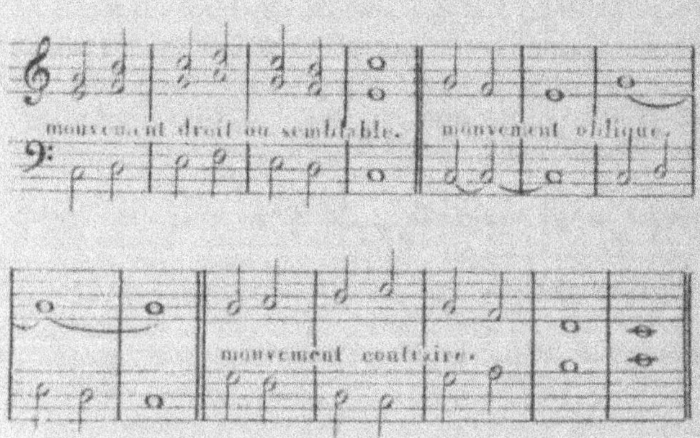

Par les deux derniers mouvements combinés, on évite bien mieux les fautes qu'avec le premier.

2º Il faut mettre une harmonie convenable sur chaque note, ou au moins sur chaque note des temps forts de la mesure: Quelquefois une même note peut poter deux accords différents: Exemples à analyser:

On appelle note de passage toutes celles qui ne font point partie nécessaire de l'accord.

3º Il ne faut jamais, finir une pharse musicale par un accord renversé mais par la Tonique.

4º Il faut faire tout son possible pour lier les accords par une note au moins qui leur reste commune, comme dans les cinq premières mesures ci-dessus et dans les Ex: précedents.

5º Evitez avec le plus grand soin de faire jamais DEUX QUINTES justes ou deux OCTAVES consécutives, ce qui, comme on vient de le dire, s'obtient par le renversement des accords et par le mouvement oblique ou contraire. Ex:

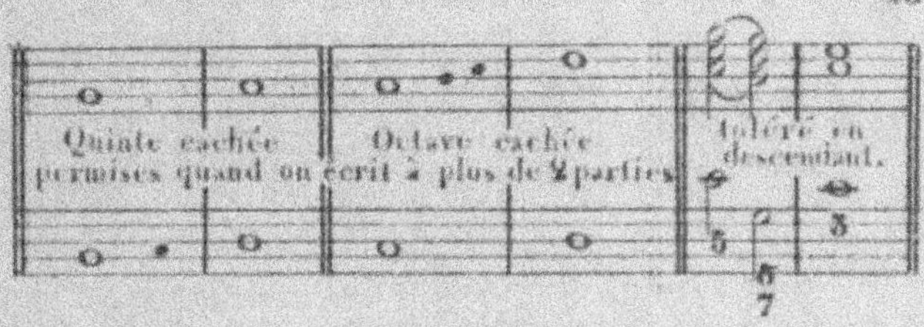

6° Il est nécessaire de préparer la quarte quand on l'emploie, ainsi que toute dissonance. Une quarte est préparée lorsqu'on a entendu dans l'accord précédent, l'une des deux notes qui font quarte. Ex:

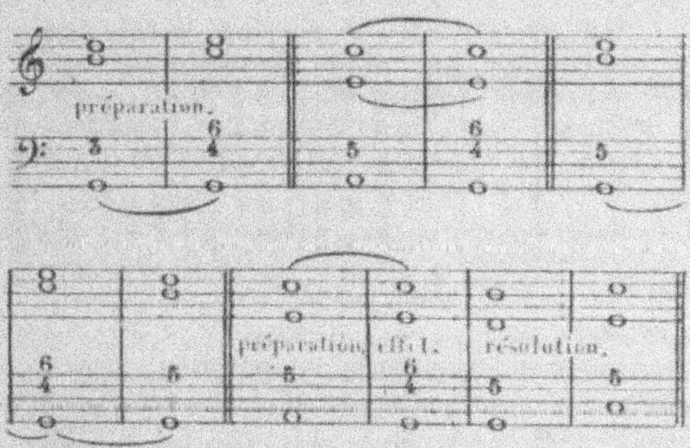

Cependant on peut employer la quarte sans préparation quand elle est précédée de l'accord mineur sur le second degré de la gamme au premier renversement et sans qu'il y ait de note commune. Ainsi:

C'est la manière la plus usuelle de terminer un morceau.

Quand la note commune est placée à la basse pendant plusieurs mesures, elle prend le nom de TENUE ou PÉDALE. Ex:

Tenue ou pédale. Tenue dans les parties hautes.

Nous avons vu que chaque note d'un accord prenait une position différente par le moyen du renversement. L'accord renversé prend différents noms que l'on est convenu de représenter à la partie basse par des chiffres, de sorte qu'un chiffre étant placé sur une note, on devine les autres notes, complément de la note chiffrée. Ainsi: L'accord parfait majeur ne se chiffre pas ou se chiffre

par un 3
ou
par un 5. L'accord parfait mineur dont

la tierce est un demi ton plus bas, se chiffre par un 3 précédé du signe altératif ou d'un 3 barré. Ex:

La quinte par un 5

Le 1er renversement d'un accord s'appelle accord de sixte et se chiffre par un 6 ; le second renversement appelé accord de sixte et quarte se chiffre par $\frac{6}{4}$; l'accord de quinte diminuée ou accord de la sensible, par 5 barré; enfin l'accord de septième par un 7. Les autres chiffres employés se comprennent facilement selon qu'ils sont précédés d'un ♯ d'un ♭, d'un ♮ ou accompagnés d'une barre comme ci-dessus 5, ce qui indique un intervalle diminué. C'est d'après ces conventions que nous avons chiffré les notes ci-dessus et toutes les notes ci-après. Ex:

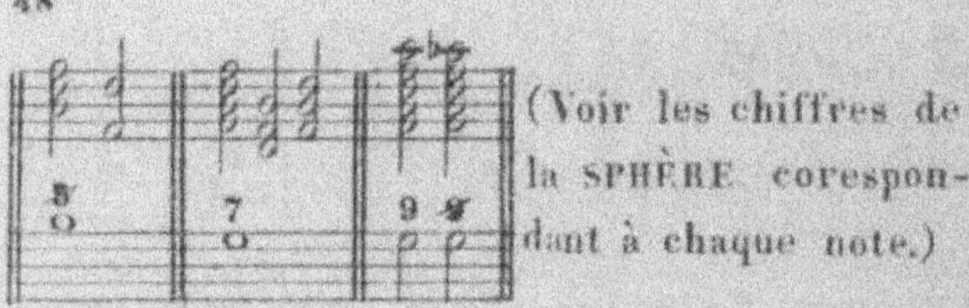

(Voir les chiffres de la SPHÈRE corespondant à chaque note.)

Résolution des accords dissonants sur les accords consonnants. Septièmes. Modulations.(1)

(1.) On voit que nous nous arrêtons, pour ne pas dépasser les limites tracées, à la septième Dominante et à ses renversements; les autres espèces de septième, ainsi que les accords plus compliqués dans leurs renversements, rentrent dans le domaine des grands traités d'harmonie.

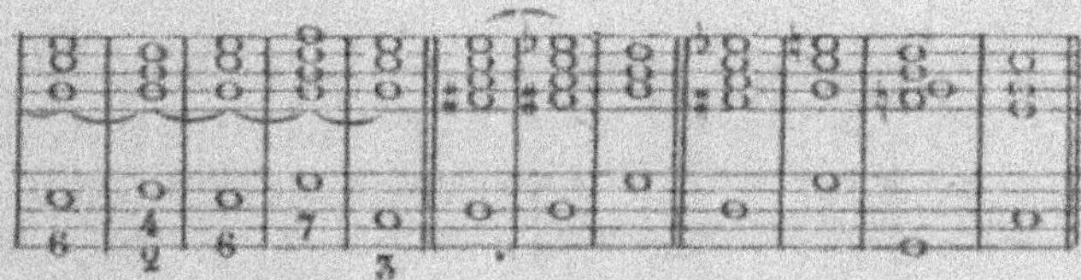

Gamme MAJEURE ou MINEURE harmonisée par les accords de septième, origine de l'harmonie moderne.

On MODULE quand on passe d'un mode à un autre au moyen de la tierce qui devient de majeure MINEURE ou de mineure MAJEURE selon qu'on l'élève ou qu'on l'abaisse d'un demi-ton. On module aussi en passant d'un ton dans un autre, ce qui se fait par l'accord parfait de la dominante du ton dans lequel on entre, ou par son accord de septième. Ex:

Sans aller trop loin dans ces détails qu'on trouvera, si on veut acquérir une science plus complète, dans les grands ouvrages, étudiez dans la SPHÈRE musicale l'accompagnement des gammes (majeure et mineure) ainsi que les modèles suivants, avec ce qui regarde les différentes sortes de cadences.

Gamme majeure.

(+) On appelle TRITON l'accord que porte le fa (du FA au si: il y a trois tons.) Nous verrons en traitant du PLAIN-CHANT comment on est obligé de baisser le si d'un demi-ton à cause de la difficulté d'intonation. C'est la seule altération qui existe, et seulement en ce cas, dans le chant de l'Église.

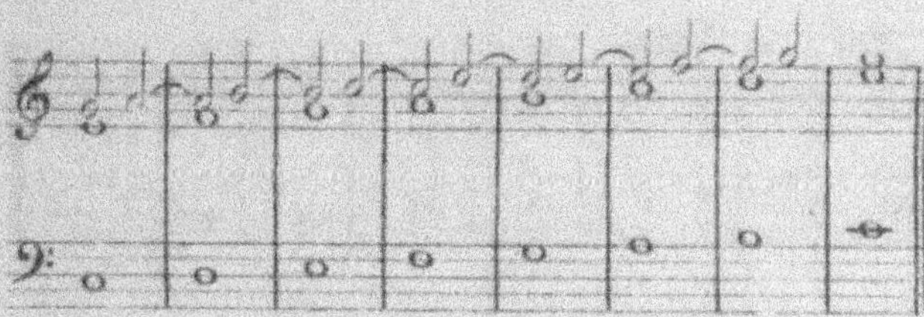

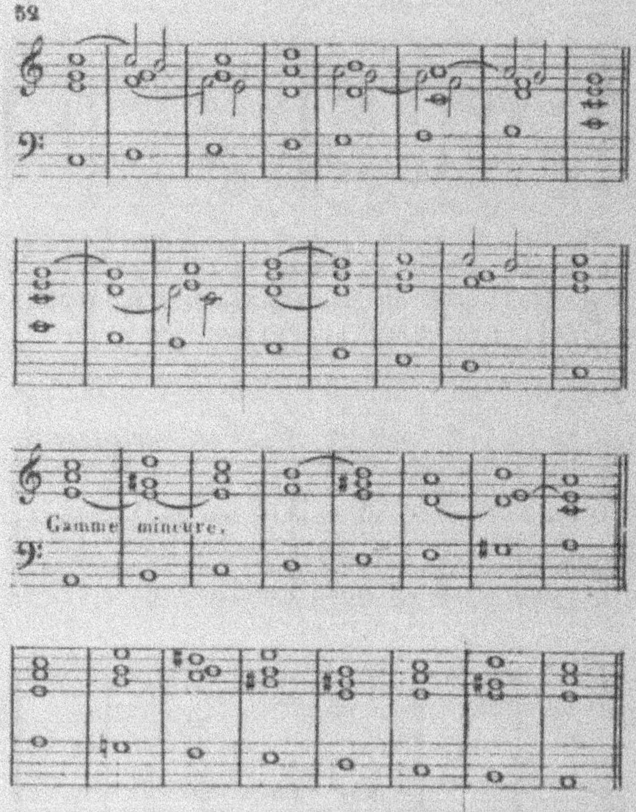

On voit par les quelques exemples qui précèdent que les notes ne font pas toujours partie des accords qui sont frappés en même temps qu'elles Il y a quelquefois RETARD, ANTICIPATION ou PROLONGATION; nous avons déjà donné un exemple de cette dernière, en parlant de la PÉDALE et de la TENUE.

On appelle Cadence la terminaison d'un sens ou d'une phrase musicale; il y a la CADENCE PARFAITE, celle de la DOMINANTE, la Cadence ÉVITÉE, ROMPUE ou INTERROMPUE et la Cadence PLAGALE.

Cadence évitée. Cadence interrompue Cadence rompue.

Cadence plagale.

Il semble qu'avec ces quelques notions très abrégées, l'étude spéciale des gammes ascendantes, et descendantes, l'aptitude aussi, (il faut bien le dire,) on pourra faire des progrès rapides en s'exerçant sur tout ce qui précède et en essayant d'appliquer une partie de basse sous un chant. Rappelons-nous que pour en venir là; il faut 1º Connaître la Totalité de la Mélodie qu'on doit accompagner; 2º Les modulations ou cadences sur lesquelles elle se repose avant de terminer sur l'accord de sa Tonique naturelle; 3º Distinguer les notes de passage, qui avec les notes RÉELLES ou PORTANTES forment l'ensemble de la mélodie; 4º Enfin, se rendre bien compte du caractère de cette mélodie et des phrases qui la composent.

On peut quelquefois faire une partie de basse en IMITANT le chant. Généralement on procède par les intervalles de TIERCE, QUINTE ou SIXTE, en ayant soin comme nous l'avons dit, de préparer les QUARTES et de résoudre convenablement les renversements de l'accord de septième qui forme comme le Pivot de l'harmonie S'il faut doubler quelques notes de l'accord en écrivant à quatre parties, on doublera de préférence la quinte et l'octave évitant de doubler la tierce et la sixte quand elles sont à la Basse.

Voyons maintenant de quelle manière on peut simplifier l'accompagnement du Plain-Chant quand on veut l'isoler complètement de l'harmonie moderne. Quelques règles suffisent pour se mettre au courant des difficultés ordinaires.

du PLAIN-CHANT

Le PLAIN-CHANT diffère essentiellement de la musique moderne en ce qu'il n'admet point l'altération des notes (le SI excepté) ni la gamme proprement dite, ni les modes majeurs ou mineurs, ni la variété des mesures, etc.

Il conserve cependant plus ou moins de relations avec elle, par ce qu'il en est la source et l'origine, et il compense par la variété de ses tons et la gravité de son harmonie consonnante, ce qu'il semble perdre en légèreté, en élégance et en agréments.

Etudions en quelques lignes sa tonalité et voyons par quelles règles faciles on peut venir à bout de l'accompagner passablement avec peu de travail. Nous pensons, comme beaucoup d'autres, qu'on peut le traiter assez généralement d'après les règles musicales exposées ci-devant; mais il est certain aussi que les accords primitifs sont d'une grande simplicité, et qu'on peut arriver promptement par leur emploi, à un résultat des plus satisfaisants; ils semblent d'ailleurs plus conformes à sa nature et à sa destination. Nous l'écrivons ici avec les notes musicales.

Il y a d'abord huit tons ainsi composés.

Remarquez 1º que dans chaque mode les demi-tons ne sont point placés comme dans la gamme ordinaire.

2º que la FINALE est indiquée par la première BLANCHE de chaque gamme et la Dominante (ainsi nommée en PLAIN-CHANT parce qu'elle revient le plus souvent dans la Mélodie) par la deuxième BLANCHE.

3º que l'étendue de l'échelle, sa finale qui ne varie que par exception et sa Dominante suffisent pour reconnaître le mode d'une pièce de chant lors même qu'elle ne serait pas indiquée. Il y a quelques modes qui rentrent les uns dans les autres et qu'on appelle MIXTES pour CETTE RAISON, et d'autres qui sont IRRÉGULIERS. Quand la finale est RÉ, le morceau est du 1er ou du 2e ton; si c'est un MI, il est du 3e ou du 4e; si c'est un FA, il est du 5e ou 6e; si enfin c'est un SOL, il est du 7e ou du 8e.

4º que même la gamme du 6e ton, qui parait être semblable à celle de la musique, en diffère en ce que la finale qui est FA et la Dominante qui est LA, l'en éloignent autant que la gamme du septième ton est éloignée du ton de sol en musique, puisque celle du plain-chant n'a point de FA dièze et que celle du 5e qui commence et finit en fa, mais qui n'a point de SI bémol etc...

5e que la gamme des tons pairs (ou PLAGAUX) reproduit celle des tons impairs (OU AUTHENTIQUES) qui les précèdent immédiatement; avec cette différence que la quinte inférieure des tons pairs se trouve renversée dans les impairs, ce qui rend tout différent le caractère des deux modes.

Telle est la constitution du plain-chant. Le bémol n'est employé accidentellement au SI que pour éviter la relation de QUARTE AUGMENTÉE (nommée TRITON) parce qu'elle renferme trois tons entiers; et le Dièze qu'on n'écrit même pas, excepté dans l'accompagnement de certains passages, ne se fait que pour sauver la difficulté de SI naturel contre FA comme dans les exemples suivants.

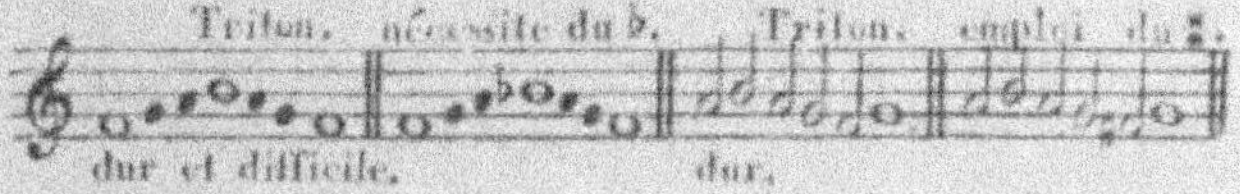

Le plain-chant et la musique sont donc bien d'une nature différente; il n'y a dans le premier ni mode majeur, ni mode mineur, mais seulement analogie. C'est par suite de cette analogie qu'on peut se servir de quelques accords employés en musique; autrement on s'en tiendra aux règles ci-dessous.

1.ère RÈGLE.

Vous ne vous servirez que des accords consonnants sans aucune altération pour accompagner la gamme du mode indiqué Ex:

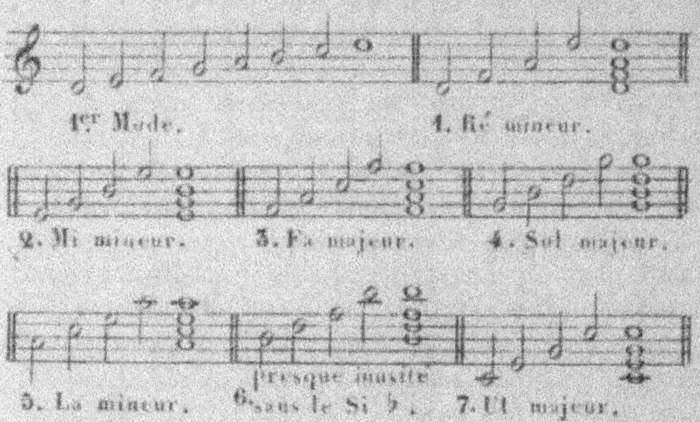

N.º 1. Quand la sixième note est dans le chant (le SI naturel) on l'accompagne avec l'accord de MI ou de SOL, à cause de la dureté de si contre fa. Ou bien si le caractère du morceau ne s'y oppose pas et qu'on veuille se servir de l'accord si ré fa, on ajoute un ♭ au SI.

N.º 2. La propriété qu'ont les notes d'appartenir à plusieurs accords en plain-chant, comme en musique, fait qu'on peut varier ces accords sur une même note, pour rompre la monotonie, (surtout quand on se sert de la septième de Dominante, devenue seule admissible en plain-chant.) Ex:

Le ♯ employé ici dans l'accompagnement rentre tout-a-fait dans le système d'harmonie moderne. L'habitude que nous avons des **nouvelles** tonalités, oblige de temps en temps à donner cette satisfaction à l'oreille en même temps que l'emploi modéré de la septième. Les plus sévères ne permettent l'emploi ni de l'un ni de l'autre; à peine même le premier renversement.

Les autres échelles du plain-chant donnent les accords suivants :

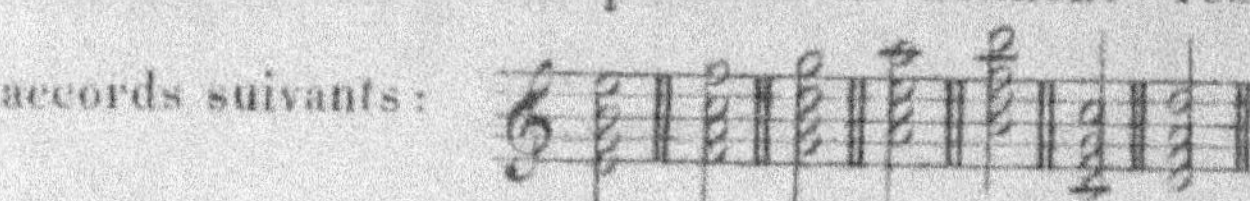

ce qui fait en tout 7 accords pour les 7 intervalles consonnants diatoniques: trois parfaits, l'unisson, la quinte et l'octave, quatre imparfaits: la tierce majeure, la tierce mineure, la sixte majeure et la sixte mineure

Chaque note peut s'accompagner de trois manières :

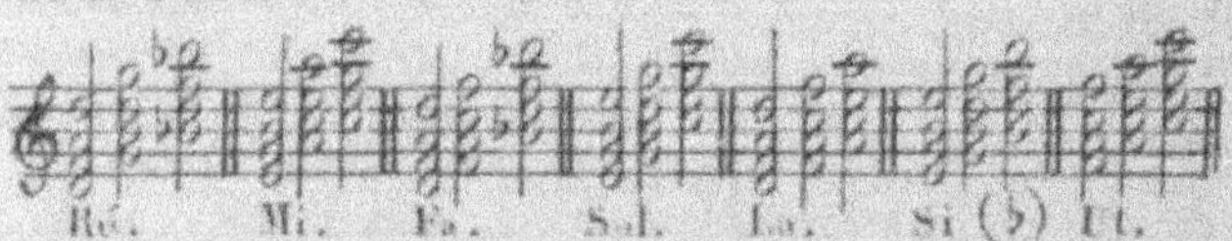

Donc pour accompagner ce passage je pourrai me servir des accords suivants, qui seront déterminés par le mode.

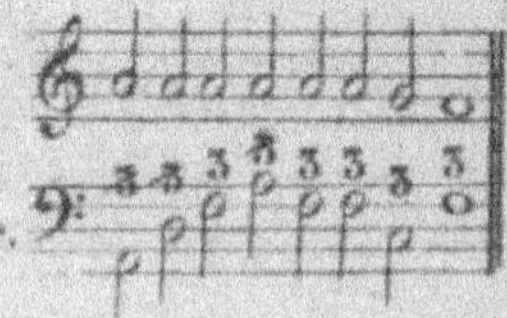

2.me RÈGLE.

Comme en musique, vous ne ferez jamais entendre deux consonnances parfaites de suite, deux unissons, deux quintes, deux octaves; l'oreille en est d'autant plus blessée qu'on a davantage le sentiment de l'harmonie, on ne fera donc pas

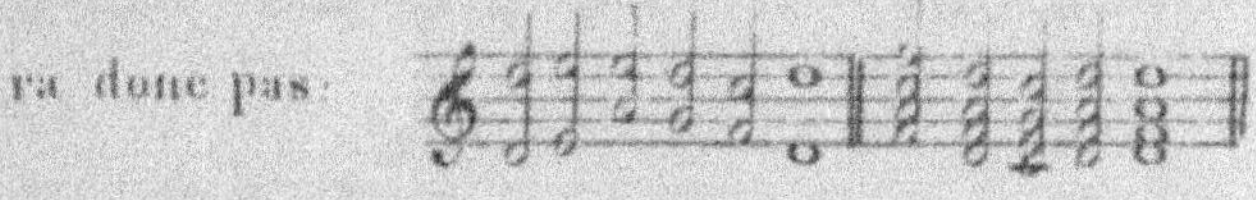

3.me RÈGLE.

Vous ferez toujours suivre autant que possible aux parties un mouvement contraire. Si elles montaient ou descendaient toutes ensemble le même nombre de degrés, toute idée de tonalité serait détruite.

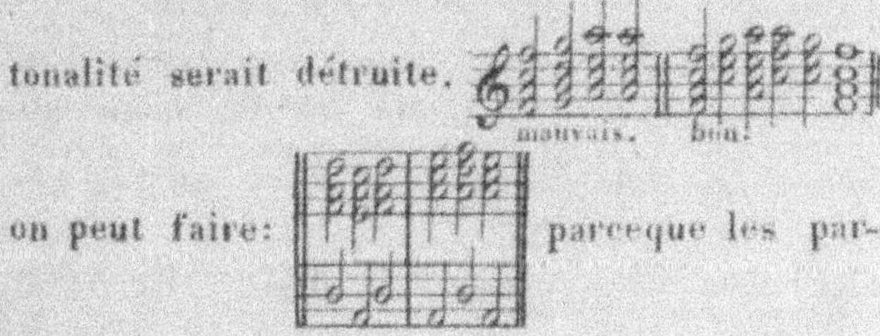

on peut faire: parceque les parties ne montent ou ne descendent pas d'autant de degrés l'une que l'autre quoiqu'il y ait ce que nous avons appelé des octaves CACHÉES.

4.me RÈGLE.

Commencez et finissez la pièce par les consonnances parfaites d'unisson ou d'octave, ou par l'accord parfait tout entier. Dans le courant du morceau, observez le sens du texte marqué par la ponctuation et le sens de chaque phrase musicale, et indiqué en même temps par des barres. Chaque groupe ainsi formé est accompagné par la même formule harmonique selon la modulation de la mélodie et tout doit s'y enchaîner comme il est prescrit dans nos cinq règles. Ex:

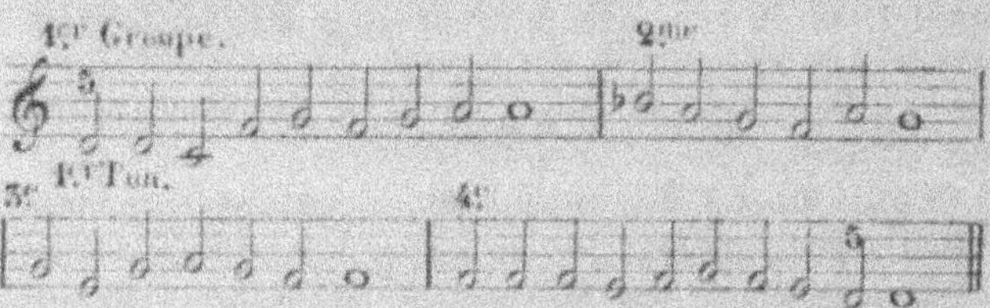

5me REGLE.

Vous accompagnerez généralement CHAQUE note du chant par un accord parfait (il y a rarement des notes de passage dans le plain-chant.) avec la tonique de cet accord à la basse. Ex:

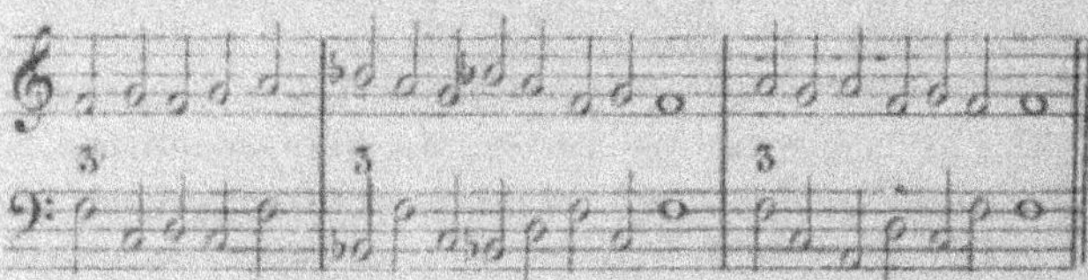

(Quelques auteurs permettent d'employer le 1er renversement de l'accord parfait, ainsi que l'accord de septième Dominante. Mais il faut user rarement de ce dernier.)

No 1. Lorsque la tonique de l'accord est régulièrement à la basse, il est inutile de noter les parties entre la basse et le chant; on les devine du premier coup d'œil.

Nº 2. On peut aussi employer le 1er renversement de l'accord et dans cas on se contente de chiffrer la basse, comme il a été convenu précédemment. Rappelons à cette occasion que, comme en musique, le premier degré de la gamme se nomme Tonique et se chiffre par un 3 quand la tierce est majeure, par un 3 BARRÉ quand la tierce est mineure. Le cinquième degré (qu'on appelle aussi QUINTE ou Dominante en musique, mais non en Plain-Chant) se chiffre par un 5. Le quatrième degré appelé sous-dominante ou quarte se chiffre par un 4 et est ordinairement accompagné de la sixte qui se marque par un 6. Avec les accords de Tonique, Dominante et sous-dominante, on peut faire un accompagnement passable en musique; mais en plain-chant l'accord parfait et son 1er renversement suffisent, quand on n'emploie pas la septième note de l'accord, ni les autres notes dont nous avons parlé en donnant la manière d'écrire une basse sous un chant quelconque.

Terminons 1º par quelques exemples de l'emploi exclusif des accords parfaits.

2º par d'autres exemples de l'emploi de l'accord parfait avec son premier renversement.

3º par le renversement des gammes ACCORDÉES spécialement pour le plain-chant au Nº 7 de la SPHÈRE MUSICALE chacun pourra choisir la manière qui lui convient voir même comme nous l'avons dit, le système APPROPRIÉ de l'harmonie actuellement en usage. Nous ne parlons pas ici de la transposition pour le plain-chant; l'usage des claviers mobiles ou

TRANSPOSITEURS la rend on ne peut plus simple pour que chaque morceau puisse être accompagné par les accords de la gamme naturelle, ou dans les tons les plus faciles de FA ou de SOL, etc.

3 6 3 3 3 3
6
3e EXEMPLE complément des deux autres.
accompagnement des 5e 6e 7e et 8e mode plain-chant.
ou bien.
Accompagnement du 1er et du 2e Mode.

ou bien.
Accompagnement du 3e et du 4e Mode
ou bien.

On peut mettre le chant au dessus ou à la basse; voiez l'accompagnement des gammes dont le chant se trouve à la partie superieure.

(Les cadences finales de chaque ton sont marquées d'un)

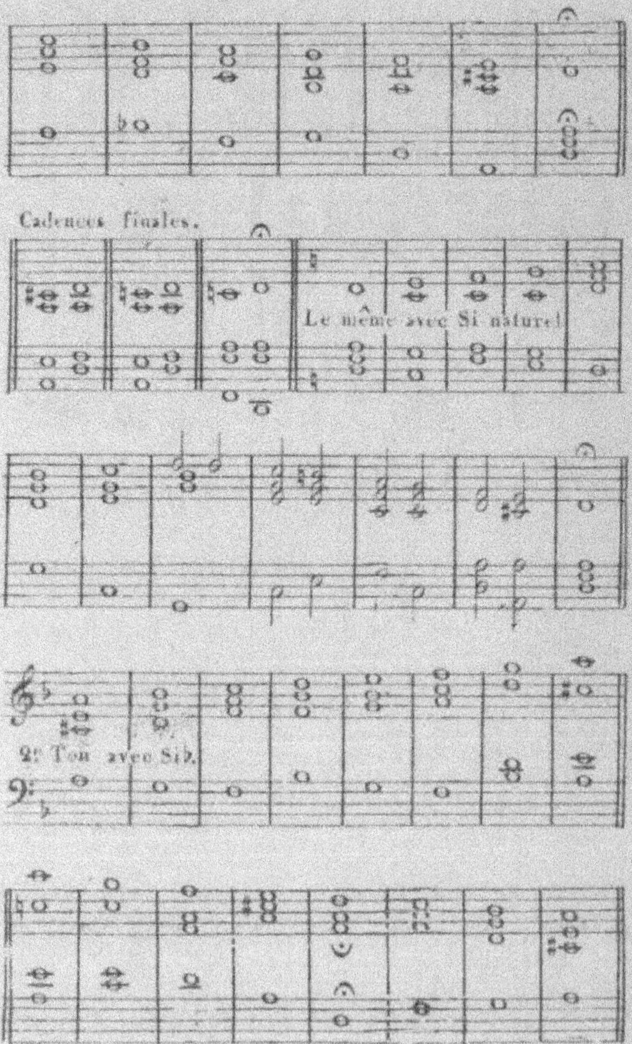
Cadences finales.
Le même avec Si naturel
2e Ton avec Si♭.

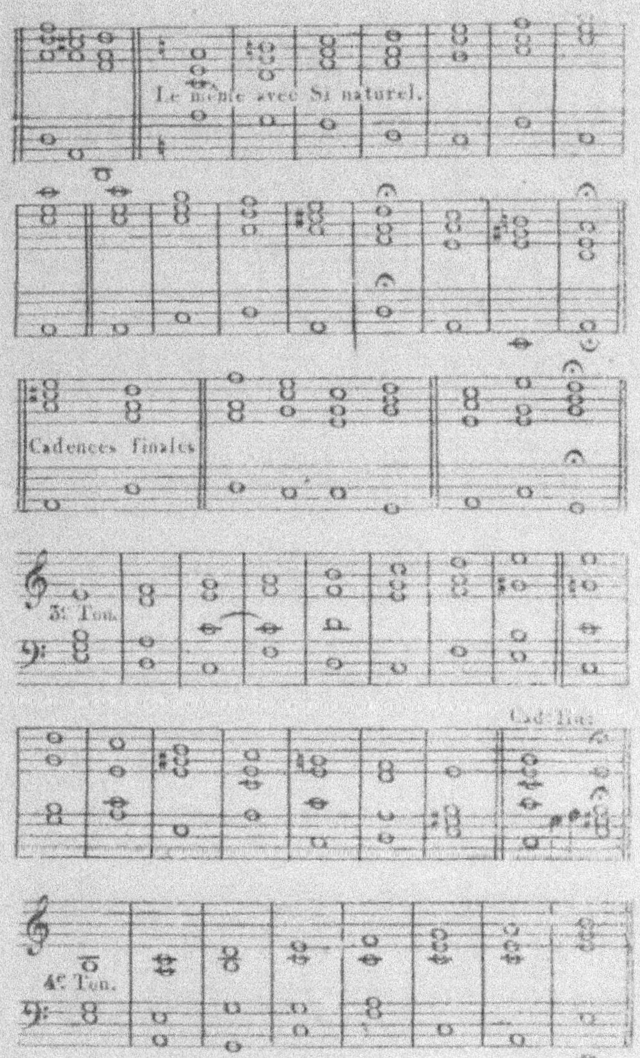
Le même avec Si naturel.
Cadences finales
3e Ton.
Cad. fin.
4e Ton.

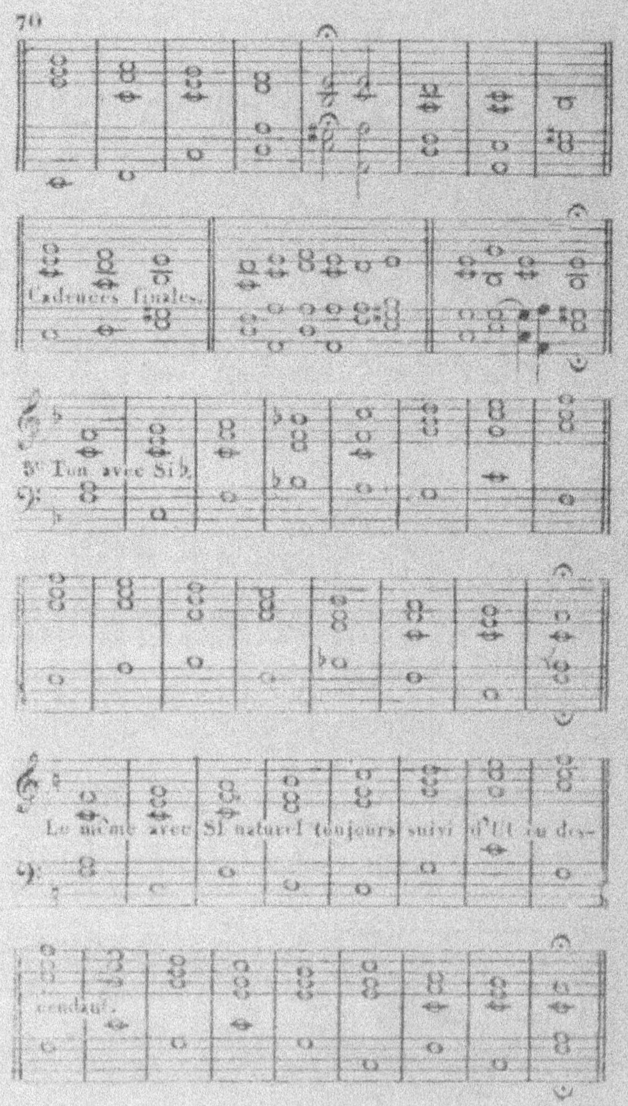
Cadences finales.
3e Ton avec Si♭
Le même avec Si naturel toujours suivi d'Ut en descendant.

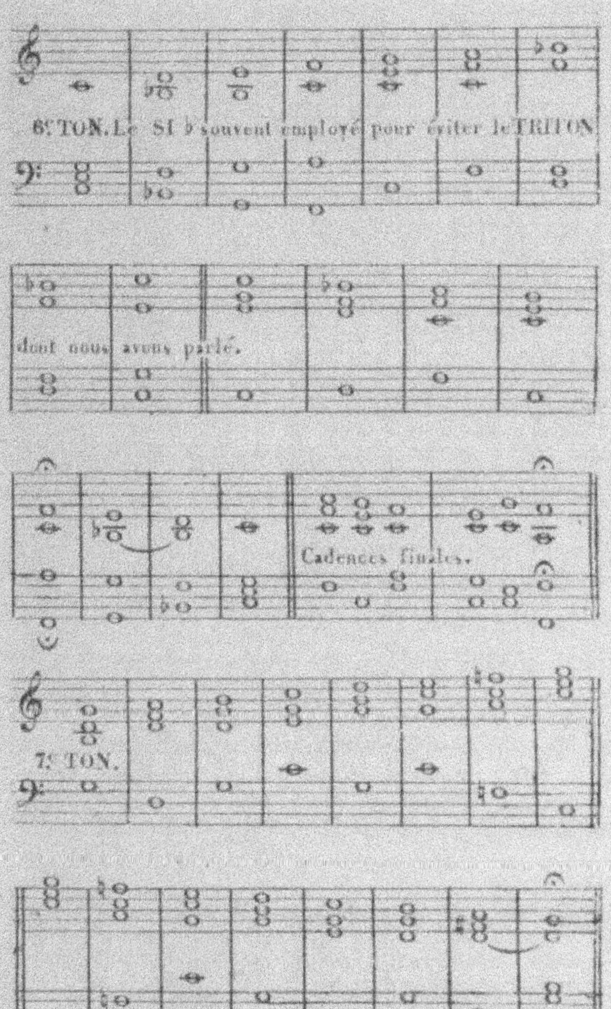
6e TON. Le SI ♭ souvent employé pour éviter le TRITON
dont nous avons parlé.
Cadences finales.
7e TON.

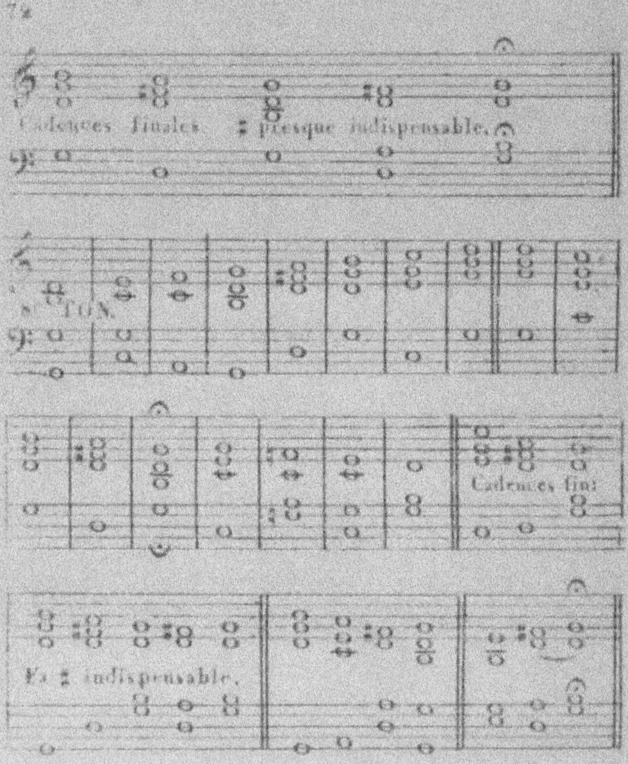

Il ne reste plus qu'à prendre un livre de chant et à s'exercer d'après ces accompagnements à bien exécuter les morceaux des différents tons. Les difficultés qui restent disparaîtront facilement en s'habituant à observer ces règles.

Al-le-lu-ia

Fin.

www.ingramcontent.com/pod-product-compliance
Ingram Content Group UK Ltd.
Pitfield, Milton Keynes, MK11 3LW, UK
UKHW021106270726
13993UKWH00006B/1033